Rubèn Ramos Falconí

POEMATRASTO DOS para Sonia De La Cruz Franco

Rubèn Ramos Falconí

POEMATRASTO DOS para Sonia De La Cruz Franco

su tiempo, su amor, su dolor, su muerte

JustFiction Edition

Imprint

Cover image: www.ingimage.com

Publisher:
JustFiction! Edition
is a trademark of
Dodo Books Indian Ocean Ltd. and OmniScriptum S.R.L publishing group

120 High Road, East Finchley, London, N2 9ED, United Kingdom
Str. Armeneasca 28/1, office 1, Chisinau MD-2012, Republic of Moldova, Europe
Printed at: see last page
ISBN: 978-3-8454-4849-7

POEMATRASTO DOS

Para Sonia De La Cruz Franco

Su tiempo, su amor, su dolor, su muerte

rubèn ramos falconí

2015-2022

Tu enfermedad
me enrostró
la tristeza
apuñaló
mi alegría
consumió
mi sangre
hizo trizas
mi risa
escarneció
mi sexo

POEMATRASTO DOS para Sonia De La Cruz Franco

Índice

Emergencia, hospitalización, operación a tu columna

Tal vez nunca
podamos
ni tú
ni yo
saber
lo que sentimos
tú por mí
yo por ti

a veces es una sombra
a veces claridad

pero ¿de qué?

siempre estamos lejos
tu de mí
yo de ti
distantes
olvidados
echados de un lado
ahora
que me angustia
lo que pueda pasarte
me pongo finalmente
al pie de la puerta de entrada
de mi corazón
para decirte
que no sé exactamente
lo que siento

que muero lentamente
junto a la ventana
de este cuarto
de todos los nombres idos

que tu dolor ha cambiado
la distancia que separa
tu sonrisa
de mi alegría

tu tristeza
de mi llanto

tu silencio
de mi locura

tu indiferencia
de mi preocupación

tu desdén
de mi coraza

tu pernicioso adiós
de mi terco afán
por retenerte
a pesar
de todas las heridas
de todas las muertes

acaso ahora
es cuando entiendo
por qué no te dejé ir
cuantas veces
quisiste dejarme

10-03-2015 al descubrir tu mal

Tú no sabes
cómo cabe
mi calavera
en la alameda
desnuda
de tu vientre

es esa
la purificación
sublime
del sexo

el orgasmo
trémulo

el vértigo
de los sábados

siempre con sabor
diferente
quemante
prohibido
para los que
dejaron el alma
en la vela apagada

11-03- 2015

Cuando sea mañana
volveré a preguntarle
a la retina de mis ojos
a los hombres y mujeres
que día a día
noche a noche
tarde a tarde
veo caminar
con sus males
sus pesares
sus angustias
sus acongojados pasos
visitar a sus enfermos
sus parientes
sus conocidos
sus abuelos
tatarabuelos
todos
tirados
en los suelos de emergencia
apiñados
en improvisadas camillas
de a dos
o de los que quepan

en carcomidas sillas de ruedas
inmóviles
que envejecieron
a fuerza de males
y de abandono

acostados sobre su pobreza
en espera torpe de la muerte

volveré a preguntarles
a los cientos de pasos cansados
que
enfilados
por pares e impares
esperan subir piso a piso
a ver a sus parientes
amigos
conocidos
tres veces por semana

en cada piso
la muerte se pasea
de turquesa indiferente
de blanco inexplicable

volveré a preguntarles
te digo
¿por qué tú
y no yo?

12-03-2015

Estás tirada
en tu tiempo
que no se detiene
pero no pasa

que me entulle
la palabra
la fe
y olvidé gritar
cuánto te amo

cuando vuelvas
no estaré
me habré ido lejos
buscando
tu sonrisa dulce
para robar mi ternura

acaso volveremos
a mirarnos

tal vez a colgar
un tiempo más
terco
triste
solo
enfermo

nuestra historia
esporádica
huérfana
no se hizo
todos los días
se pasó
acechando
la muerte
con fidelidad

hoy viernes 13
la he visto pasar
burlando otra vez
tu vigilia adormecida

no ha dicho
que no volverá
tampoco
que quiera quedarse
llevarte
arrancarte
de mi sueño

haremos como siempre
nos volveremos
la apuñalaremos
a ciegas
sin verla
sintiéndola
mórbida
lacerante
oscura

esperando

13-03-2015

¿Qué se siente
sentado
en la ventana
de un piso 13
de un hospital sórdido
impenetrable al dolor?

no lo sé
tampoco lo sabré
mañana
o después

aquí la muerte
tiene rostro
de enfermera
masca chicle
pelo pintado
todo protocolo

parientes hombres
no pueden acompañar
pacientes mujeres
dice

los hombres se meten
en las camas
arman escándalo

no es mi caso
pero ha ocurrido

¿qué se siente
cuando quien
está para darte aliento
confunde
auxilio con protocolo
urgencia de alivio
con turno de atención?

¿qué se siente
cuando Dios
pegado
colgado
no es misericordia
ayuda
solidaridad
humanidad?

no es familia
no es ayuda

sólo
papel
yeso
burla
anuncio
de que vas a morir

15-03-2015

Ha empezado
a tililar
la amarilla
candela
de la vela
que quedó
al acecho tuyo
cuando volviste
a encender
la luz de tus ojos
para evitar
que muriera
la esperanza
de tu abrazo
en mi cintura

la vida
te dio
la oportunidad
de mirarte
de pie
de caminar
y abrazar la luz
no hagas
de ella una sombra

tengo los hombros cansados
la espalda doblada
el alma torcida

no estaré cuando
tus manos
busquen las mías
habrán muerto
otra vez
sin entender
por qué
para siempre

Jueves 11 de febrero 2016 después de tu operación a la columna.

He calculado
una vez más
la piedra
que parte
tu corazón
y como siempre
no tengo pita
para amarrarlo
otra vez
al mío

¿por qué repito esta torpeza?

ya sé que no eres
mi amor adolescente
no eres la pasión desesperada
que me latigó el alma
que me hundió en el vértigo
que me acabó a pedazos

tampoco eres la llegada esperada
de un tren sin parada

eres el amor
que se hizo
a la sombra
de mis años idos
sobre la huella
de mis zapatos rotos
de mi andar curvo
de mis nostalgias
de mis desesperanzas

el amor que creció
arrimado al camastro
de tus dolores y operaciones
aferrándote a tu tiempo

el amor de mi terquedad
de mis reclamos
de mi desesperación
porque puedes morir
sin que te llamen

eres el amor
que creció atisbando calaveras
debajo de un colchón orinado

amor pálido
ojeroso
amargo
triste
doloroso

no eres el amor
de la quincena
menos el de detrás del zaguán
ni el de mis onanismos
ni el de las escondidas
ni el del hueco de mi bolsillo

tampoco el de mis horas activistas
ni el de la guerra

no eres el amor detrás de la pared
ni el que se roba
a escondidas a la noche
ni el que el que se crucifica
en la distancia y el tiempo

nuestro amor no creció
en el dolor frecuente del adiós
ni en la violencia de los celos

se hizo de cenizas sin fuego
de ramas rotas sin tronco

quizás por esto
sabe poco de la alegría
y mucho de la tristeza

nuestro amor está
donde lo puso la coincidencia
el encuentro furtivo de mi ocaso
y tu juventud

tiene la edad
de tu tiempo
y del mío
no de los años

no es el amor que se deja ir
aunque duela

es el amor que se retiene
que fatiga
que hiere
que hunde su ternura
en tu dolor a solas
en mi vejez a cuestas
que se aferra a la espera
inevitable
canalla

amor asido
a una juventud que se fue
y a otra que se va
amor para salir corriendo
con un pan sin comer
que agoniza en una locura compartida

un amor que crece sin haber nacido
ayuno de cópula y orgasmo
tardío pero tierno
huérfano
con partida de defunción anticipada
erguido en la vitalidad del aliso

amor que no florece
sin marchitarse

amor de paradoja
no de leyenda

nuestro amor
es también
el amor de la necedad
buscando emparejar
tu dolor con mi pena
tu esperanza con mi tristeza
tu silencio con mi grito
tu partida con mi soledad

pero ¡qué!

¿acaso el amor no es siempre
un hermoso
tortuoso
inesperado transcurrir?

y nosotros
¿no somos acaso
dos temerarios?

14-02-2017 en nuestro 14º aniversario

Tiempo de quimioterapias

Hoy vi a la muerte
acechando
su ojo
por la rendija
de tu pelo
que se ha ido
adelantando
la largura
del camino
que inexorable
te espera

no importa
la seguidilla
de quimioterapias

sólo harán
más doloroso
el final

fue tu elección
mientras
se tumbaba
mi alma
y mi llanto
se clavaba
a oscuras
en la cruz
de mis ojos

vivimos
casi sin palabras
pero cómo extraño
tu silencio
y cuánto
me hará falta
cuando no estés
definitivamente

no sé si te pensaré
o acaso
finalmente
estarás a mi lado

nada sabemos
el uno del otro
mientras paseamos
nuestras espaldas
cada noche

tal vez
al otro lado
nuestras caras
se encuentren

se miren
nuestros ojos

sepas quién soy
y cómo te siento

no te reclamo nada
me das cuanto puedes
con tu poca energía

sabes que existo
y que estoy aquí
para ti

Segunda quimioterapia 02-02-2018

Hoy tengo el alma
quebrada
al antojo de la muerte

no me quejo
ni me duele

estoy herido
sin darme asomo

tal vez
cuando viva
otra vez
recuerde
no cruzar
el travesaño
de los que se van
sin regresar

pero hoy
he vuelto
una y otra vez
alrededor
de tu dolor
cuando te vas
y no vienes

cuando no estás
y te quejas

cuando lloras
sin una lágrima

cuando me hablas
sin una palabra

cuando duermes
y no sueñas

cuando te levantas
y no apareces

cuando me llamas
y no te escucho

cuando te hundes
y no suspiras

cuando caminas
sin dar paso

cuando te busco
y no estás

cuando mueres
sin morir

Quimioterapia tres. 08-03-2018

Cuando te vayas
habré trucado el dolor
de tu silencio
por la ausencia
de no poder tocarte

quién sabe si estaré
para recordarte
o tendré tiempo
para hilvanar mi rabia

hurgaré
dónde escondías tu amor
en noches como ésta

¿al pie de tu columna?
¿en tus senos maltratados?
¿tus dolores cabizbajos?
¿en el rincón de tu nombre?
¿tus análisis de madrugada?
¿tus citas postergadas?
¿tus exámenes torturantes?
¿en las sábanas parchadas?
¿las colchas raídas?
¿las camas con precio?
¿en las grafías sin utilidad?

estos años
han hecho tu tiempo
impredecible

pusieron en duelo
tu sonrisa

hicieron de la mía
rastro triste de mis arrugas
descaro de mi cara
esqueleto deforme
de mi cuerpo

no sé lo que piensas
yaces adormecida

nada compara tu padecer
de un cáncer “oculto”
detrás de un protocolo
nunca de un diagnóstico

una mentira
a la medida
de la ineptitud
que negocia con
la muerte

esto
vuelve inútil
mis manos
atora mis reclamos
entumece
mis ojos sin sueño

hiervo de impotencia
de ira contenida
sin poder enrostrarles
su mediocridad
su burocratismo asesino
a quienes sin serlo
se llaman doctores

te molesté
las veces que lo hice

te prometí callar
sabiendo
que te mataban

cargaré con mi pesar

Cuarta quimioterapia 17-06-2018

Tu ausencia
en estos días
ha rajado mi pena

ha hecho astillas
mi tiempo
clavándolas en el silencio
de tu rincón preferido
en nuestra casa

pienso en mi dolor
cuando ese silencio
se vuelva tu falta infinita

estoy seguro
de no esperar mucho
para ir a buscarte

lo que no sé
es dónde encontrarte

antes solía pensar
en el reencuentro
al otro lado
hoy
ya no estoy seguro

tengo dudas
de que exista
ese otro lado

dudo más
de un posible encuentro

estoy seguro de morirme
cuando te vayas
pero no estoy seguro
de encontrarte
para vivir por siempre

me duelen mis dudas
pensándote
cuando ya no estés
y en tu rincón
sólo haya nada

21-06-2018. Quimio 5

Tuvimos siempre
un gato
en los diferentes techos
que cobijaron nuestra ternura
maullando tu partida
dolorosa
triste
final

una paloma
anticipando
con su graznido fúnebre
la soledad de tu ausencia

supe siempre
por los gatos y las palomas
que llegaste a mí
para despedirte

gracias por tu tiempo
que me diste

pudo haber sido más largo
de no ser por la sapiencia
de los sádicos de blanco
para esconder su maldad

de no ser por la oncóloga
que sin un diagnóstico
impuso tu tratamiento
como cáncer de mama

confiaste en ella
a pesar de mi certeza
advirtiendo
su incompetencia profesional
sus prescripciones equivocadas
agudizando tu mal

Quimio 6

Estás tendida
sobre tu dolor
clavada
por la crueldad
de inyecciones
y pastillas
que te adormecen

eres el silencio
después de la tortura
cada vez más profundo
horadando mi alma

haciendo calamidad
mi espera
mientras miro
por una rendija
tus ojos cerrados
tu cuerpo inmóvil
tu fuerza que se agota
y a la muerte riendo
en la punta
de una aguja interminable

En otra de tus quimioterapias

Al mirarte
viene a mi cabeza
la sentencia
de aquel señor
en la cola de citas
para ecografías

aquí se viene a morir
a que te maten
mejor dicho
primero fue mi mujer
ahora me toca a mí

ecografías.
tomografías
exámenes
análisis
¿para qué?

el médico ni los ve
nunca te mira
sólo escribe
una
a veces dos páginas
de puro garabato

el próximo que te atienda
hará lo mismo
sin leer lo que el otro puso
porque ya se sabe
todos escriben lo mismo

así llenan tu historia
para nada
siempre te recetan lo mismo
como si tu mal lo hubiera parado
su indolencia

pienso
tú tienes dos volúmenes de historia
cada uno con más de 500 folios

son un problema para tus citas
mandan uno
nunca el indicado
el otro anda extraviado
no se sabe dónde

cuando lo ubican
cola tras cola
reclamo tras reclamo
pasó el turno
y perdiste la cita

madrugar por una nueva
puede demorar
semanas
meses
o coima para comprarla

mendigar una adicional
depende del temperamento
del médico
o los regalos

el hospital
hospeda la agonía

En otra de tus quimioterapias

No sólo no
podemos entenderlo
tampoco sabemos qué decir

tú con tu silencio
triste
huidizo
callado
cerrado

yo pendiente de tu tiempo
que presuroso
me aleja de ti

tú pegada
a tu lejanía
yo buscando un hueco
para mi ataúd con tu alma
queriendo que tu dolor
fuera mío

tú ajena
con tu mirada ida
pendiente
de la soledad de nuestras manos
yo con mi pena a rastras
para cuando ya no estés

tú con tus instintos
yo con mi racionalidad

tú sabiéndolo todo
de antemano
yo pensándolo todo
con retraso

tú con tu complacencia
yo con mi intransigencia

tú con tus fidelidades
yo con mis lealtades

tú reactiva
yo impulsivo

tú maestra por casualidad
yo por error

los dos
donde nos puso tu mal
ajenos a nuestros lugares
hechos dolor y espera

con una historia en común
de retazos
de un adiós que nos pesa
por separado

¿acaso es el modo
de encontrarnos?

¿ la forma
de la espera
de la angustia
de las despedidas
una y otra vez?

¿acaso la empatía
de tu serenidad y mi insensatez
tu calma y mi aprehensión
tu apatía y mi afán
tu desidia y mi empeño
tu pasividad y mis arrebatos
tu fraternidad y mi egoísmo
tu descuido y mi cólera?

lo cierto es que
no hay lenguaje
entre un alma que muere
y otra que se despide
ni cuando callas
ni cuando gritas
ni cuando sufres
ni cuando alguna alegría
asoma a tus ojos

tu tiempo es todo tuyo
se acabó para mí

¿cuándo empezaste a despojarme
sin darme cuenta?

¿cuándo fue
que te hiciste de
mi libertad
mi risa
mi tristeza
mi fuerza
mi calor?

¿las noches en emergencia?
¿esperando que te operen?
¿empujando tu camilla?
¿cuando leí tu diagnóstico?
¿en las diez sesiones de rayos?
¿en las dieciocho quimioterapias?
¿durante las infinitas colas?
¿en las esperas sin tiempo?
¿en las citas adicionales?
¿en los reclamos y trámites?
¿durante los torpes exámenes
que saquearon tu cuerpo?

tal vez
durante las idas y vueltas
de la casa al hospital
del hospital a la casa
de la casa al paradero a Cañete

quién sabe
si en la puerta
de tus regresos

no es un reclamo

es el lacerante recuento
de tu padecer
y de mi soportar

de la injusta diferencia
entre tu dolor y el mío
entre tu pena y la mía

pero es al propio tiempo
el recojo de tu lucha
y tus victorias por vivir

con cada una me hiciste varón
esa rara mezcla de hombre
en mi caso
no tan juicioso
irascible
a veces condescendiente

mi cuerpo
ya no sabe del tuyo
y el tuyo no guarda
recuerdos

tu enfermedad
inventada por los protocolos
enterró de antemano
nuestra historia

somos
inexplicable circunstancia

despedida anticipada

16-09-2018

Nadie le pregunte
a la vida
por qué

no sólo no tendrá respuesta
sino un rictus de sorna
como diciendo
los por qué
lo tiene
cada quien

¿dónde
encontrar los míos
en esta tristeza
que me parte
cada día
en más pedazos
inservibles?

¿acaso
en el salón de clase
donde te miré
por primera vez?

¿acaso
en la distancia
que nos juntaba
de vez en cuando
en tu casita improvisada
de quincha y barro?

¿acaso
en el rincón aquel
donde sepultamos
nuestros encuentros felices
para no volver
a velarlos?

¿acaso
en tu cara sin risa
en tus interminables silencios
en tu indiferencia sin recodo
en tu lealtad a tu manera
en tus desagradecidas heridas?

tal vez
en la oscuridad a medias
de los innumerables
cuartos del hospital

en la humedad
pestilente
de los contagiosos
consultorios

en la mezcla
de sudores
orín
y heces
de las camas
donde te acostaban
a pesar de mis protestas

tal vez
en mis ojos en vela
esperando camilla
para "bajarte a piso"

en las agobiantes quimioterapias
de sadismo y tortura

en los días sin noche
de tus "recuperaciones"

no sé

es posible que estén
en estos sitios
o se quedaron en mí

lo que no puedo negar
es que allí donde estén
los porqué de mi tristeza
son lugares
mudos
sórdidos
llenos de agonía

yo los soporto
tú los padeces

04-06-2019

Aquí está mi amor
escondido

lejos inútilmente
de tu dolor
que es mi dolor
mi llanto
mi pena
mi ruego interminable
largo
por tu sonrisa
tu alegría
tu afecto raro
tu abrazo inmenso

aquí está mi amor
pendiente
de tu voz
de tu prisa
de tu distancia
buscando
en el mismo rincón
de mi tristeza
la palabra
que te alivie
que quite tu dolor

te amo

23 de Octubre 2019

He asomado mi ojo
por el hueco
de la aguja
que un día
pinchó tu dedo
buscándote

me he encontrado
con tu alma
en el cielo de Matihuaca
lavando tus manos
en la pila
de la plaza

ya no estás lejos de mi lado
pero igual
no te puedo asir

tu cercanía
no tiene
espacio
tampoco
lugar

tal vez
nunca te vi
menos tú a mí

sólo tenemos
silencio

15 -08- 2020

Callado
entreabro
tu vello púbico
mientras acurruco
tu ausencia
en la cama vacía

te extraño
en el rincón azul
de mis insomnios
cuando peleados
solíamos hacer
garabatos del amor

te echo
de menos
enrollada
a mi espalda
siempre
con la pertinaz zozobra
de encontrarte
lejos
al despertar

son estos días tristes
llenos
del amor insuficiente
distante
escondido
acosado
moribundo

Un día y mes del 2020

En alguna parte
de mí
está el dolor
de tu muerte

está
también
la mentira
de volver
a verte
dónde no haya
salas de espera
que trasiegan
la paciencia
en indolencia
ni hospitales
con médicos falsos
que te hacen creer
en tratamientos
que nunca estudiaron
hábiles para llenar informes
para su pago puntual

donde no haya
laboratorios
para medir
la agonía
ni paredes
grasosas
y malolientes
ni clínicas
que encierran
mentiras
con negocio

tu paso
por mi tiempo
me acostumbró
al amor
sin palabras

a la lejanía
que se espera

a la cercanía
que separa

al cuerpo
que duele
si se toca

a la mirada
que se escapa

a la sonrisa
que no es

a las quimioterapias
de mi dolor

a la paciencia
que nunca
pude encontrar

a la suavidad
de tu pelo
creciendo lento

a tu respirar
despidiéndose

a tus sueños
sin cuento

a tu olor
a rayos y pinchones

a tu verdad
guardada a oscuras

a tu caminar
curvo
y sin ritmo

a tus despedidas
ensayando
tu adiós
eterno

contigo
aprendí a vivir
mi tiempo
en emergencia
en desvelo
junto a tu cama prestada

de pie
en las colas
empujando tu turno

madrugando
para tus citas

constaté
que el semejante
es una mentira

que la paciencia
gratifica
la indolencia
de las técnicas
los médicos
las enfermeras
los empleados

ahora
ya nada te devolverá
del lado a donde vamos
unos antes
y otros después

se han cerrado
tus ojos
y no te veo

te has ido
como tantas veces
pero esta vez
no volverás

Septiembre 22- 2020 el día que te fuiste a Cañete a mejorar tu anemia.

Cada tarde espero
la hora de tu llamada
con mi tristeza
cuando se pasa
con mi estrujada alegría
cuando te escucho

entiendo tus razones
para irte
pero no entiendo
por qué estamos lejos
si tú me extrañas
y yo muero
cada día

quiero volver a verte
tocar tu pelo
enroscarme a tu espalda
no me importa
tu silencio
ni cuanto
calles

no me importa
la pandemia
ni la maldad
de quienes la descarrilaron
déjame estar
junto a ti
antes de morir

29-09- 2020

Nos tocó vivir
la espera de tu peor dolor
en medio del miedo
por la pandemia

todos los relojes
se han ido de la casa

la espera
tiene ahora
el sabor de la angustia
la amargura del miedo
el temor por lo que llega
a pesar del tiempo
que tenemos
mirándole la cara

ya no me cabe tristeza
en parte alguna
te extraño
íntegro

necesito otro ser
para cuando ya no estés
ni lejos ni cerca
para soportar
no verte
ni tocarte

¿cómo ponerme a tiro
de la avezada puntería
de la muerte
en tu lugar?

nuestros propios dioses
ahora miran de lado
haciéndole amén a tu adiós
mi fortaleza ya no me sirve
mi energía se ha vuelto inútil
sólo tengo llanto que me mutila

02 de Octubre 2020 el día que me dijiste "ya no llores papacito; solo hay que esperar, cuerpito ya no aguanta; vámonos a Chocaya a reír tú, yo y Virusita".

Hoy cerraste tus ojos
y apagaste mi luz

tu mirada
se perdió
en los días interminables
tristes
de tu padecer

ya no estás
ni dormida
ni adormecida
ni dopada
simplemente
te has ido

no sabes cuanto
quiero que vuelvas

no lo sabrás
porque ya no me escuchas
no me sientes
no me conoces
no me amas

te acabaste
como me acabaré yo
y tampoco sabré de ti
no te extrañaré
no te amaré
no me preocuparé por ti
por tus colas
tus citas
tus turnos
tus trámites
tus análisis
tu espalda
tu barriga
tu pelo
tus manos
tus pies
tus dedos

¿por qué digo todo esto
sabiendo que ya no estás
que nunca te enterarás?

tampoco antes
supiste cuánto te escribí
ni cómo extrañé
tu cuerpo
pegado a mi espalda

te fuiste
y nadie siente como yo tu partida
ni tu hermanita
de la que tarde
descubriste su maldad
ni tus sobrinos
ni sus hijos
a los que protegías con afán
ni tus otras hipócritas hermanas
tus drogadictos hermanos
tus amistades

todos estuvieron ausentes
siempre
esperando celebrar
la casa que reconstruiste
sabiendo
que no sería para ti

¿comprensible?
seguramente
infame
digo yo

tu cáncer
que nunca pudo ser encontrado
maltrató tu cuerpo
lastimó tus entrañas
dañó tus huesos

yo me olvidé de mi
me hice tú
¿para qué?

¿acaso te pude retener?
¿pude reemplazar tu padecer
por mi soportar?
¿te sirvió mi fuerza
mi energía?
¿pude decirle a la muerte
que volviera después?
¿puedo empalar a tu oncóloga
que tras su fracaso terminó diciendo
"en emergencia saben el protocolo a seguir" ?

todo esto maltrató mis creencias
hizo inútil mi paciencia
postergó para nunca
mi confianza
en los médicos

no pude ayudarte a ser
menos ingenua
confiada
terca

ya te fuiste
y estoy llorando
de un modo diferente
porque mañana
tampoco estarás
y así todos los días
hasta cuando yo me vaya

mientras tanto
me duele esta agonía
y no hay nada
que la impida

vivimos lo que pactaron
tu tiempo y el mío
sin nosotros advertirlo

el silencioso tiempo tuyo
tu cercanía ausente
tus llegadas amantes
tu entrega plena

te matamos

yo por amarte
de manera extraña

otros por no entender tu mal

los más
con sus maldades
sus intrigas
sus envidias

los llamados doctores
con su mediocridad y torpeza

tu oncóloga
con su prepotente ignorancia
su aprendido racismo

ya estás lejos
de cuanta mezquindad
te hizo daño
y horadó
tu salud

te amo

24-11-2020 (21 hs)

Después de tu partida

Aquí estoy
otra vez
sumido
en el sórdido
encuentro
de la duda
de lo que haré
mañana
y no hice hoy
de lo que perderé
sin buscar
de lo que me espera
sin cita previa

estoy sin aliento
ni ánimo
ni fuerza
justo al comienzo
como tantas veces
buscando en mi ojo
la respuesta
a esta infinita pasión
por el amor
el sexo
tu mirada

aquí estoy
urgido
de la libertad
que me da
la soledad

de la impasible
tranquilidad
de estar acechando
mi sombra
acariciando
la tristeza
de mis lados

pecaminoso
neurótico
depresivo

cubriendo
mis intimidades
sin pedir permiso
para desvestirme

te dije siempre
que sin ti
no habría soledad
que es lo que más quiero
sino vacío
inútil
torpe
difunto

te fuiste
y no quedó
de ti
ni la enorme bondad
de tu sonrisa
ni tiempo
para serte infiel

quizás por eso
me duele tanto
que no estés

26-11- 2020

Las agendas
que me regalabas
cada año
han descuartizado
mi duelo
con cada día
de tu dolor
desde cuando los burócratas
de bata blanca
hicieron de tu mal
un protocolo

te punzaron
cortaron
abrieron
desde tu cabeza
hasta tus pies
buscando
“el primario”
que nunca encontraron

finalmente
inventaron uno
“oculto”
dijeron

sin diagnóstico válido
impusieron
hormonoterapia

se aceleró
el desequilibró
entre osteoblastos y osteoclastos

“seguidillas” de quimioterapias
fue la salida
cerrando
el círculo vicioso
de la improvisación

tu carencia de fierro
que advertimos
desde tu primera operación
dificultó tu hemoglobina

limón mañana y noche
caldo de cuye
recomendó tu oncóloga
y tú
te autoconvenciste

tras la primera "seguidilla"
te sentiste bien

sobrevino otra vez
la hormonoterapia
con otro nombre
de lo mismo

nueva "seguidilla"
porque
"no sé qué hacer contigo"
dijo tu oncóloga

la pandemia
impidió la última sesión
y ya no eras tú
sólo dormías

tu hemoglobina
siguió bajando
y los antígenos
subiendo

lo virtual
ocultó a tu oncóloga
escarneció tu dolor

enrostró mi rabia
caló mi fuerza
inutilizó mi energía

pandemia
sistema hospitalario
médicos incapaces
juntaron su crueldad

hicieron de tu enfermedad
tu muerte

24-12- 2020

Dos meses
que te fuiste

cómo me pesa
mi tiempo
sin ti

cómo muero
asido
a tu recuerdo

cómo se desgarra
mi mente
pensándote
en ese cajón
infame
donde te puso
la inquina
de tu hermana
y sus corruptos socios
de la Beneficencia
los asesinos de EsSalud
tus amistades cristianas

todos los días
espero
una señal tuya

la muerte es el fin
de cada tiempo
con sus miserias
sus engaños
sus falsedades
sus despidos
sus promesas

tu muerte me convenció
del fin
de los crédulos
de los ilusos
aferrados a la continuidad de la vida
más allá de la muerte

me convenció
que la vida acaba
en acta de defunción

no es
tu cuerpo
tus ojos
tu boca
tu manos
tu pelo
ni tu voz
ni tus reclamos
ni tu terquedad

tampoco
tu extraña ternura
tu sexo
tu pasión
tu dulzura

apenas papel
registro
número
dato

me niego a leerlo
para recordarte limpia
con tu sonrisa entrando en la casa
tu voz
tus enojos
tu cariño llamándome “palito”

papel que hace mofa mis ganas
de volverte a ver
de sentirte
de decirle al aire
aquí está
regresó
para enterrar
con sus mechas
el adiós

24 de Enero 2021

He hecho
del silencio
tu voz
de la oscuridad
tu abrazo

hace más de tres meses
que me faltas
y no sabes
cómo muero

qué insignificantes
quedaron
los diecisiete años
que compartimos
frente a esta soledad
que anuncia la eternidad
de no vernos más

odio mi estupidez
creyendo
que morirte
era simplemente
cambiar de lado
que yo iría
tras de ti
para encontrarnos
de nuevo

pura falsedad

no estás aquí
ni en ningún otro lado
nunca
volveremos a vernos

y cómo me duele
saberlo
entenderlo
pensarlo

no hay fe
que reemplace la razón

no hay “empalme”
donde me esperas

cuando supe
que morirías
me aferré
a una estupidez
negándome
a mí mismo

la esperanza
es consuelo de quienes
no aceptan su derrota

después de verte
sin poder respirar
arrastrarte
a emergencia
porque no había
ambulancia
supe que nada
nos volvería
a juntar

que todo cuanto
te dije del “otro lado”
era pura mentira

la muerte
te desaparece
aquí y allá

la salvación
es falsedad

Dios no existe

“encontrar consuelo”
en las letanías cristianas
de tus hipócritas parientes
escarnecía tu agonía

imbécil yo
que lo permití

ya no estás
tampoco yo estaré
cuando me toque

no hay alma
ni espíritu
aparte de los huesos
las carnes
los pelos
y la uñas
que se pudren
o se queman

somos esto
y nada más

necio
espero cada día
tercamente
sentirte

en el petirrojo
que atestiguó
nuestras meriendas

en la tórtola fiel

en la ponciana
que sembramos juntos

en las guanábanas
que te ayudaron
a recuperarte
y tu oncóloga descartó

en la gata Bengalí
que te incomodaba
se acostara en mi pecho

en mi cuerpo
tirado al sol
buscándote en las nubes

nada te trae

me convenzo
una y otra vez
que la muerte
te desaparece

no importa
cuánto llores
cuánto esperes
cuánto recuerdes
cuánto llames

ya no estás
no estarás jamás
ni aquí
ni en ningún otro lado

éste no existe

me pesa
haber conciliado
y entregarte
a los gusanos
cuando el fuego
pudo hacerte ceniza

igual nada
pero
cerca a mí

04-03-2021

Te mentí
cuando te dije
que irías a un lugar
de donde podrías verme
y regresar
para no dejarme llorar

te mentí
cuando te dije
que estaríamos juntos
sintiéndonos plenos
eternos

hoy me digo
sin que me quepa duda
que después de la vida
no hay nada

la muerte
te desaparece

sólo queda su permanente burla
el sin sentido
de creer que hay algo más
después de su zarpazo

te mentí
no hay nada
después que mueres
sólo
silencio
vacío

el tiempo no pasa
pasamos nosotros
por eso duele

pasamos esperando la muerte
que no avisa cuándo llega
¿es eso vivir?

19-04-2021

Hoy es un día
triste

todos lo son
desde que no estás

pero algunos
como éste
dificulta
mi huida
me detiene
me mira
se ríe

hunde
su guadaña
en mi nervio
central

me hace llorar

Todos los días desde que no estás

Voy a volver
a nuestra casa
nuestra cama
nuestra ventana
nuestra luz
asomando
entre el palto
y el lúcumo

voy a volver
solo
como tal vez
nunca dejé
de estarlo
a comer de tu ausencia
de mi libertad
de mi encierro

voy a volver
a teñirme
de nuevo
de valiente
de dueño
de impenetrable

voy a volver
a ser
apenas pasos
apenas sombra

voy a volver
a encontrarme
con la casa vacía
sin ti
sin tu risa

cuando llegue
un beso
que no tiene tiempo
ni distancia
que no está
pero siento
me espera

abrigo toda
su ternura
su cuerpo
su fuerza
su alegría
su dolor
su adiós

está allí
pendiente de mí
cada día
a todas horas
me apura a veces
me calma otras
me susurra
me amenaza
me recuerda
me devuelve tu mirada
tu caminar apurado
cada mañana
porque
ya es tarde

26-05- 2021

Regresé a la casa
que sabe tanto de mí
como de ti
de lo que cada quien
escondió
en su rincón
de costumbre
sus demonios
sus tormentos
sus culpas
sus tiempos lejos
sus mentiras
sus arrebatos
sus insultos
su propia sordidez

todo está
impregnado
de tu silencio

han muerto
los "llama dólar"
que nacieron
cuando te recuperabas
de la operación
a tu columna

el jardín
es una sombra sola
deambulando ciega
sin tu mirada
creciendo desordenado
en su pena
arrastrándose en las paredes
perdido en su enojo

las buganvilias ya no están
se han ido
junto con la higuera
en búsqueda inútil
tras de ti

no tiene frutos
el palto
tampoco el papayo
el lúcumo
la granadilla

nada tiene sentido

aquí están
torturantes
los insomnios
de tus consultas
las idas y vueltas
por tus citas
nuestros desvelos
tras las quimios
tu sufrir
tu silencio
mi angustia
creyendo sortear la muerte

estoy solo
hundido
en tu dolor
que siempre fue mío
que sufriste sola
para no alertarme
de los días
las horas
los instantes
que te quedaban

nada me trae
tu voz
tu risa
tus reclamos

tengo sólo la crueldad
de tu muerte
repitiendo
tu terquedad
y mis equívocos

tus insistencias
y mis flaquezas

lo que pudimos hacer juntos
para dejarme solo

no es consuelo
ni recuerdo
nunca alegría

es nada

28 de junio 2021 un día triste de regreso a nuestra casa

Tu ropa
la que quedó
en tu cajón
del ropero
me convenció
de la falsedad
que el tiempo
lo borra todo

y es que el tiempo
no pasa

tampoco tú
que ahora eres una pena
que no se mueve
y me inmoviliza

que me hace
sentirte
sin tus manos
tu pelo
tu sonrisa
tu cuerpo que no tengo
tus silencios
anunciando
tus partidas
tus regresos
las mañanas
las tardes
las noches
los desvelos
la interminable despedida
que no acaba

20-10-2021 el día que acomodé tu ropa después de casi un año sin ti

Nunca te hice
un poema de amor
tal vez
porque nunca te quise
como te amo hoy

tal vez
porque siempre
olvidé tu nombre
como lo recuerdo hoy

quien sabe
porque nunca te oí
como te escucho ahora

porque nunca te extrañé
como te reclamo en cada instante

porque nunca te sentí herirme
desde que no estás

quizás porque aprendí
a esconderme de ti
mientras dormías
olvidada de ti

a sentir ternura
detrás de tu cuerpo olvidado
entre tu pelo
tiñéndose de mis años

quien sabe porque
alejándote de mi tiempo
aprendí del tuyo

o porque mis manos
al olvidar tus pechos
acabaron mis celos

ya no estás
acaso tampoco yo

no olvido tu cara
tus ojos
tu voz
tus reproches

ahora soy tú

y éste
es mi poema de amor
que nunca te escribí
porque del amor
se escribe cuando
se muere

Un día de diciembre 2021

He tendido mi dolor
a la intemperie
de tu ausencia
como cada día
esperándote

he apuntado mi ojo
por la cerradura
para verte llegar
y no hay cuándo

¿se te pasó el paradero?

este es un día
en que tu cara
se mete en mis ojos
tu cuerpo
me esquiva

que tu risa
no me alegra

tus manos
no me asen

tu silencio
sepulta mi grito
reclamándote

las nubes
se burlan del sol

me retuerce
la kora
partiéndome

este es un día
para hacer de mi duelo
mi entierro

de mi tristeza
mi tumba

de mis errores
mi pesar

de mi pena
mi adiós

30-01- 2022

¿Sabes cómo es
sentirte partido
sin mitad?

estos son días tristes
llenos de tu cara
de tu cuerpo

déjame decirte
que no hay reemplazo posible

mi tiempo se detuvo en ti

para olvidarte
debo pasar
a ser nada

desaparecer igual que tú
ser papel

¿cómo es entonces que te hablo
sabiendo que no eres nada?

es que estás dentro de mí

al irte te hiciste yo
por eso me dueles tanto

las fotografías tuyas
no hablan
por eso no las miro

han congelado tu alegría
cuando volvías a la casa
diciéndome con tu sonrisa
no estés triste
ya llegué
hoy te amaré
seré tuya
y tú de mí

Febrero 2022

Estos días
el celaje
del atardecer
en Chocaya
me ha dicho
que no estás
en el color
de las nubes

el verde hermoso
del eucaliptus
que sembramos juntos
me ha contado
que fue un día
de quite
a tu agonía
que le dimos vida

es mentira
si te digo
que todo cuanto tocaste
me acompaña
cuando sólo
me entristece

mentira
que se detuvo
mi tiempo

con tu nombre
enrollado a mi cuello
corre impasible
asediado por el final

deja de estar solo
dicen algunos
cuelga otra mano
de tu brazo
haz el amor
como sabes
ríete con tus ojos

no saben
que te fuiste
dejándome partido
sin mitad

no tengo
donde acurrucar
mi amor
su pasión
su sentir

tampoco
con quien
compartir
mi rabia
contra
los corrompidos
los congéneres
los identitarios
las izquierdas
las derechas

cuando mi madre
se hizo nada
quedé huérfano

tu falta
la de mi hermano
la de mis amigos queridos
me ha hecho
un desvalido

todo
por la pandemia
de los que quieren
un hegemón
blanco
sionista
neo-nazi

sigo de pie
arreando
en soledad
sus silencios
haciendo
de sus recuerdos
mi libertad
antes
que acabe la luz

25-03- 2022

Cómo te extraño
con cada lágrima
que me arranca
tu recuerdo
con cada mirada
a mi alrededor

estás impregnada
en las paredes
en los rincones
en el jardín
en la música que bailo
dolido en tu adiós
interminable

me tortura pensar
en tu silencio
de aquellos días

en tu lejanía
de cada hora
a la espera
de lo inevitable
sin poder detener
tu tiempo

sin morir
moría
en cada uno
de esos instantes
sintiendo a la muerte
gozarse
en su crueldad
asechándote

ida a veces
dormida otras
enroscada siempre
te veo en el sillón
que adormeció
tu columna

me duele
el silencio
de la puerta
la oscuridad
de mi angustiosa espera

hoy tampoco
aparecerás
y la certeza
que no volveré
a verte
me indigna
contra la vida

¿por qué no ser
lo suficientemente imbécil
y creer como todos
que la muerte
no es más que un tránsito?

14-04-2022

Esta tarde
tiene el color de tu recuerdo
sobre mi hombro
mirando ocultarse el sol
llevándose tu risa

hay días como éste
que busco en el tañir de la kora
que me duela más mi dolor

me arranco tu recuerdo
en tiras

grito y mis lágrimas lastiman
la infinita distancia
entre tu sonrisa
y mi pena

disfruto
esta sensación rara
de llorarte sin tenerte
de acercarme al final
amándote

no habría sabido
lo que es
si no te hubiera perdido

lamento
que esto acabe
cuando ya no esté
cuando ya no te recuerde
cuando mi soledad
se haya ido
y no te extrañe más

por eso disfruto ahora que aún
puedo llorarte
que puedo bailar
imaginándote reír
desde tu rincón en la cama

que puedo gritar
queriendo ahuecar
el silencio
la distancia
el pesar
la pena
tu falta

sintiéndome vivo
con la música
que me acompañó
en tu agonía

nada de esto tendré
cuando como tú
ya no esté

saber esto
es lo terrible
de seguir vivo

de no ser por ti
me habría ido
sin saber amar

por ti sé
lo que es el dolor
huérfano
triste
siempre de negro
en días como éste
cuando te escapas
de la luz
para no dejarte ver
para dejarme
que te pierda

aprendí a amarte
con la fuerza
del dolor

con la intimidad
de la ausencia

con la desesperación
del silencio

con la música
que me hiere
la sangre

tu ausencia me acostumbra
a esperar la nada

tu ausencia me enseña
a fingir tu voz
en las noches
cuando me despido de ti

a entumecer mi sueño
a no querer despertar solo
otra vez

tu ausencia me enseña
que no hay peor yerro
entre las profesiones
que los médicos
haciéndose llamar
doctores
inventando un cáncer
que nunca pudieron demostrar

tu ausencia se quedó conmigo
convertido también
en odio y maldición

siempre de luto

26-05-22

Se fue un día más
de mi tiempo corto
sin apego a nada
sin sentido

termina un día más
de esta tristeza
que entorpece mi aliento

que te busca
intentando
hacer sin ti
las cosas que ocupan
mi tiempo
desde que te fuiste

enredando
mis horas
al quehacer doméstico
largo
tedioso
cansado
de dos patas
dos manos
dos ojos
mueve aquí
pon allá
saca
vuelve a mover´
lava
cocina
come
vuelve a comer´
lava otra vez
arregla
acomoda
come de nuevo
duerme
si despiertas
duerme otra vez

rutina
reacción
para mantenerme en pie

tú a mi costado
no hagas esto
corta así
pica asá
adereza así

la muerte constante
mostrando su rostro
sin cara

advirtiéndome
no importa
qué ni cuánto comas
qué ni cómo bebas
ni cuánto duermas
tengas sexo
te masturbes
te ejercites
respires
te bañes
o dejes de hacerlo

nada
a no ser cómo consuelo
evitará que los gusanos
te consuman
o el fuego te haga ceniza

de cualquier forma
serás nada

igual serán los que te recuerden
los que esperan que les toque

así una y otra vez
hasta que no haya fin

me pesa este sin sentido
cuando llega la noche
y mis manos reclaman
tus caderas
tu sexo pegado al mío
tu cara metida en mi pecho
tu aliento agitado
en mi boca
tus ojos cerrados de placer
tu grito unido al mío
sabiéndonos vivos
a pesar
de la muerte
metida
entre tú y yo

15-06-2022

Gracias
por enseñarme
a llorar

por entorpecer
mis sentidos
buscándote

por sentir la cruz
más allá de la impostura

por hacerme libre
encadenado
a tu recuerdo

por entristecer la luz
y hacer de los ocasos
mi adiós

por hacer de mis noches
amaneceres inútiles

gracias
por devolverme la libertad
para amarte sin ti

por hacerme sentir
la furia de adorarte
sin tocarte

gracias
por devolverme en sueños
mi niñez en Tingo
mi pubertad dolida
mi adolescencia pendenciera
mi juventud activista
mi madurez guerrera
mi fusil de amor

gracias
por encontrarte
despierto
en cada uno de mis tiempos

01-07- 2022

Como mi madre
como mi hermano
también tú estás
en el fin de tu tiempo

no aquí ni allá

el tiempo no cuenta
para los que se van
y son nada

nadie vive el tiempo
de otro
cada quien tiene
el suyo
esperando a morir

el tuyo fue corto
yo sigo pasando el mío
sin razón
ni motivo

ausente

¡vivir!
nadie te consulta

alegrarse cuando naces
es una burla aprendida
de la muerte

cada tiempo
es tiempo de muerte

es tiempo de engaño
a la medida de la creencia
calzado a la conveniencia

oculto
en la enorme falsedad
de la vida
26-04-2022

Hoy tendrías 54 años
ya me queda muy poco
para seguir preguntando
a mi tiempo
por qué el tuyo acabó
con tus ganas de vivir
tu sonrisa de arco iris
tu alegría de cara al mar

he sentido el día
atenazar con más furia
mi rabia
contra esos traficantes
que inventaron tu mal
haciendo mofa de Hipócrates

y como todos los días
desde que te mataron
la impotencia corroe
mi fuerza
mis sentidos

quedarán impunes
larvando sus míseras
existencias
con cada muerte
que les pesa
pero no sienten

nada te devolverá

no escuchas mi cólera
no sabes de mi soledad

no hay día
que dejes de estar conmigo
en cada paso de mi caminar
sintiendo tu trajín pegado al mío
tu brazo colgado de mis años
tu voz calmando mi prisa
como si hubiera sabido
siempre
que no te alcanzaría

hay días
como este
que no quiero despertar

me pesa tanto tu ausencia
que prefiero
la oscuridad
el silencio

inútilmente

también allí
te siento

30-07-2022

Dos años
sin la alegría
de tu risa
limpia
sin envidia
lejana
de hipocresía alguna
haciendo rulos
de tu pelo
en mi hombro

dos años
clavado
al umbral
de una espera
sin despedida
de mi tristeza
tiritando
al frío

dos años
sin alma
sin tiempo
sin compás
sin sitio

dos años
huérfanos
dolidos
perdidos
haciendo hondo
su sombra

dos años
de noches
sin amanecida
de días sin luz

dos años
de suma sin cuenta
sin papel
sin lápiz
sin carta
sin voz

dos años
buscándote
sin asomar
mi cara
en tu vientre
entre tú

dos años
de tu oscuridad
que nunca será mía
porque cada quien tiene
la suya
cuando se va

dos años
que eres nada
que eres yo

24-11- 2022

Printed by Books on Demand GmbH, Norderstedt / Germany